화산 속에는 무엇이 있을까?

민음 바칼로레아 058

화산 속에는 무엇이 있을까?

피에르 넬리그 | 손영관 감수 | 김성희 옮김

● 일러두기

1 본문 가장자리에 있는 사과 ● 는 이 책을 통해 반드시 이해해야 하는
  핵심 개념을 표시한 것입니다.
2 본문 아래쪽의 주는 독자들이 본문 내용을 쉽게 이해할 수 있도록 한국어판에 특별히 붙인 것입니다.
3 인명 및 지명 표기는 한글 맞춤법 통일안 및 외래어 표기 규정을 따랐습니다.
4 본문에 사용한 부호 및 기호의 뜻은 다음과 같습니다.
    ─ 전집, 단행본:『 』
    ─ 신문, 잡지:《 》
    ─ 개별 작품, 논문, 기사:「 」

차례

화산 속에는 무엇이 있을까? 불? 마그마 바다? 지옥? 화산은 오래전부터 유혹과 두려움의 대상이었다. 일반적으로 화산은 지구 내부를 가득 채우고 있는 마그마 한가운데 뿌리를 내리고 있는 식으로 묘사되었다. 또한 화산에서 뿜어져 나오는 불은 많은 종교에서 지옥에 대한 비유로 받아들여지곤 했다.

화산 속에 무엇이 있는가 하는 질문에 관한 글들은 많다. 특히, 1864년에 출판된 쥘 베른의 소설『지구 속 여행』은 지난

• • • •

지구 속 여행 광물학자인 리덴브로크 교수와 조카인 악셀이 우연히 '아이슬란드의 사화산 분화구에서 지구 중심부까지 길이 뚫려 있다.'는 내용의 고문서를 발견하고 지구 중심부로 여행을 떠난다는 내용의 소설.

세기 동안 과학계를 동요시켰던 논쟁들을 잘 보여주는 작품이다. 화산과 관련해서 사람들은 지구 내부가 어떻게 나뉘는지, 지구 속 온도는 어느 정도인지, 마그마는 어떻게 생성되는지, 화산은 어떻게 폭발하는지, 지표면에서 발견되는 암석은 어떻게 만들어진 것인지, 지표면이 변형되는 원인은 무엇인지 등에 대해 토론을 벌인다. 지구 과학이 크게 발전했다고는 하지만, 화산이 지구 내부로 직접 접근할 수 있는 유일한 수단이라는 점은 예나 지금이나 변함이 없다. 화산에서 분출되는 물질과 지진파에 대한 연구, 또 고온 고압 상태에서의 실험적·계산적 접근이 더해져 오늘날에는 지구의 내부 구조를 그려 볼 수 있게 되었다.

줠 베른의 소설에 등장하는 주인공들은 아이슬란드에 있는 화산 속으로 들어가서 100킬로미터 이상의 깊이까지 내려간 다음, 이탈리아 남쪽에 위치한 스트롬볼리 섬 가까이에서 다시 지표면으로 올라온다. 이제 보게 되겠지만, 그러한 여행은 불가능한 것이며 순전히 상상에 지나지 않는다. 그렇지만 모험을 즐기는 주인공들처럼 우리도 지구 속으로 들어가 보기로 하자. 이 여행을 통해 여러분은 지구 내부의 구조와, 마그마가 지구의 성분과 역사에 관해서 어떤 사실을 가르쳐주고 있는지 알게 될 것이다.

1

지구의 내부는
어떻게 생겼을까?

지구의 내부 구조는 어떻게 나눌 수 있을까?

쥘 베른이 살았던 시대와는 달리, 오늘날 지구의 표면은 조밀한 지진 관측망으로 뒤덮여 있다. 지진 관측망은 지진파를 남기하고, 지진파의 속도와 방향이 지구 내부의 어떤 특정 지역에서 바뀌는지 알려준다. 이를 통해 지구의 내부가 세분되어 있다는 것이 밝혀졌다. 지구의 반지름은 6,400킬로미터인데, 크게 지각, 맨틀, 핵이라는 세 개의 층으로 나뉜다.

지각은 지구의 가장 바깥층을 이루고 있으며, 지구 전체 부피의 약 1퍼센트를 차지한다. 지각의 두께는 대륙에서는 30~70킬로미터이고, 해양에서는 수 킬로미터 내지 20킬로미터이다. 지표면의 지질 조사를 통해 대륙 암석과 해양 암석 사이에는 큰 차이가 있다는 사실이 밝혀졌다. 가령 대륙에서는 화강암을 쉽게 볼 수 있는 반면, 해양에서는 화강암 대신 현무암을 주로 볼 수 있다. 또한 동위 원소 연대 측정법˚으로 해저 암석의 나이는 2억 년을 넘지 않는 것에 비해, 대륙의 암석들은 30억 년 이상이 되기도 한다는 것이 알려졌다. 여기에 대해서는 뒤에서 좀 더 살펴보자.

지진파의 속도는 지각의 하부에서 크게 증가한다. 이 불연속면은 지각과 맨틀의 경계로, 약 2,900킬로미터 두께의 맨틀은 지구 부피의 80퍼센트 이상을 차지한다. 맨틀 내부에는 지진파가 변화를 보이는 전이대가 존재하는데, 그곳을 경계로 암석권과 연약권으로 나뉜다. **암석권**은 지질학적 시간의 기준으로 볼 때 약하고 깨지기 쉬운 성질을 지니는데, 지각과 상부 맨틀의 일부분으로 이루어져 있다. 암석권의 두께는 해양에서는 수 킬로미터에서 70킬로미터, 대륙에서는 100에서 200킬로미터까지 다양하게 나타난다. 암석권 아래에는 **연약권**이 존재한다. 연약권은 고체임에도 불구하고 지질학적 시간을 기준으로 천천히 흐를 수 있는 성질을 가지고 있다.

● ● ● ●

동위 원소 연대 측정법 동위 원소란 원자 번호는 같지만 질량수가 다른 원소를 말하고, 연대 측정법이란 방사성 원소가 일정한 반감기를 가지고 붕괴한다는 사실에 기초하여 어떤 물질의 생성 연대를 재는 방법을 말한다. 이를 통해 암석 · 운석 · 지층의 생성 연대, 지구의 나이 등을 측정할 수 있다.

지진파 가운데 S파˚는 깊이 2,900킬로미터에 이르면 차단이 된다. S파는 액체 안으로는 전달되지 않는데, 따라서 그 구역에서 매질이 고체에서 액체로 바뀐다는 것을 알 수 있다.

지구 내부에서 열의 이동은 어떻게 이루어질까?

지구 내부로 들어갈수록 온도는 높아진다. 이러한 온도 상승 현상을 **지온구배**(geothermal gradient)라고 한다. 지표면 가까이에서 평균 지온구배는 1킬로미터당 30℃ 정도지만, 깊이가 깊어질수록 구배가 감소한다. 쥘 베른의 소설 속 인물들은 지구 내부로 100킬로미터 이상 내려가기도 하는데, 오늘날 우리는 그 정도 깊이에서는 온도가 1,000℃를 넘는다는 것을 알고 있다. 그처럼 높은 온도는 지구 생성 당시에 축적된 열과 관계

• • • •

S파 지구 내부를 이동하는 지진파는 P파와 S파가 있다. P파(primary wave)는 지진이 발생했을 때 암석을 통해 먼저 도달하는 파로, 매질의 입자가 진동하는 방향과 파동의 진행 방향이 같은 종파이며, 고체, 액체, 기체 등 모든 매질을 다 통과한다. S파(secondary wave)는 P파에 이어 두 번째로 도달하는 지진파로, 매질의 입자가 파동의 진행 방향과 수직으로 진동하는 횡파이며, 매질이 고체일 경우에만 전달된다.

가 있지만, 암석에 들어 있는 방사성 원소(특히 우라늄, 토륨, 포타슘*)의 핵분열에 의해 만들어지는 열과도 관계가 있다. 이와 같은 방사성 원소의 핵분열에 따른 열이 지구 내부에서 지표면으로 방출되는 열에너지의 절반 이상을 차지하고 있는 것으로 추정된다.

따라서 지구는 총체적으로 볼 때, 열을 내부에서 생산하는 메커니즘(특히 방사성 원소의 핵분열을 통해)과 열을 외부로 발산하는 메커니즘(지표의 열복사를 통해)이 동시에 이루어지는 하나의 거대한 열기관처럼 작동하고 있는 셈이다. 내부에서 열의 생산보다 외부로의 발산이 더 크게 일어나는데, 그 결과 지구는 수십 억 년 전부터 아주 천천히 식어가고 있다.

한 장소에서 다른 장소로 열이 이동하는 방식으로는 복사, 전도, 대류가 있다. 암석은 복사열을 아주 조금만 통과시킨다. 따라서 복사는 지구 내부에서는 그다지 효과적이지 못한 열 이동 방식이다. **열전도**는 암석이 열을 얼마나 주고받을 수 있는지

● ● ●

토륨 원자력 연료로 쓰이는 방사성 금속 원소로 원자 기호는 Th이다. 진한 회색의 무거운 금속으로 공기 중에서 가열하면 산화물이 되고 고온에서는 염소·수소·질소 따위와 결합한다.
포타슘 칼륨. 알칼리 금속 원소의 하나. 금속 원소 가운데 이온화 경향이 가장 큰 원소로서 산화하기 쉬우며 환원제·칼륨 화합물의 원료로 쓴다.

에 크게 좌우된다. 일반적으로 구리와 같은 금속은 열을 빠르게 교환할 수 있는데 반해, 대부분의 암석은 열을 교환하는 성질이 약하다. **대류**는 열을 교환하는 데는 효과적이지만, 대신 암석이 유체와 같은 방식으로 움직일 수 있다는 것을 전제로 한다.

딱딱한 암석권 내에서 열의 교환은 주로 전도에 의해서 이루어진다. 다시 말해 물질의 이동은 일어나지 않는다는 말이다. 암석권 아래에 있는 연약권의 암석은 유체와 같은 방식으로 흐를 수가 있다. 1년에 1에서 10센티미터 정도 이동할 만큼 몹시 느린 속도이긴 하지만 말이다. 맨틀의 덮개와도 같은 암석권에 비해, 연약권에서는 그러한 움직임 덕분에 열의 재분배가 훨씬 더 빠르게 일어나고, 따라서 지온구배는 더 작게 나타난다. 연약권에서 대류가 일어나도록 만드는 동인은 맨틀의 심층부와 표층부 사이의 밀도 차이다. 암석권에서 열의 이동이 연약권의 밀도를 국지적으로 높아지게 만들고, 그렇게 해서 주변보다 밀도가 높아진 부분이 가라앉으면 더 깊은 곳에 있던 온도가 더 높고 밀도는 더 낮은 맨틀과 자리를 바꾸게 된다. 그 현상이 계속해서 진행되면 **대류 세포**가 만들어진다. 지구 깊

****

대류 세포(convective cell) 대류를 통해 열이 이동되는 하나의 순환 과정.

은 곳에서 일어나고 있는 그러한 물리적 메커니즘은 일상생활에서도 관찰할 수 있는데, 냄비에 물을 넣고 끓이기만 하면 볼 수 있다.

화산은 어디에 있을까?

화산들이 지구 중심에 있는 거대한 마그마 주머니에 뿌리를 내리고 있는 것으로 생각하는 사람도 있을 것이다. 그러나 이는 사실이 아니며, 사실일 수 없는 몇 가지 이유가 있다. 화산에서 분출되는 마그마는 지표면의 암석들과 거의 동일한 밀도를 지닌다. 그런데 우리는 뉴턴의 시과 이후로 지구의 평균 밀도가 지표면에서 발견되는 암석들의 평균 밀도의 약 두 배가 된다는 사실을 알고 있다. 따라서 마그마는 지구의 중심에서 나온 것이 아니란 말이다. 게다가 마그마는 핵처럼 아주 높은 온도를 가지고 있지도 않다. 그렇다면 마그마는 어디에서 나온 것일까? 그것을 알아내기 위해 지표면에서 마그마 활동, 즉 화산 활동에 대해 살펴보도록 하자. 화산은 마그마가 지표면으로 분출한 지점 혹은 그 결과로 생기는 구조로, 우리는 화산을 통해 지구 깊은 곳에서 일어나고 있는 현상에 관한 정보를 얻을 수 있다.

금성에는 표면 전체에 걸쳐 매우 많은 화산들이 거의 일정하게 분포되어 있고, 화성에는 아주 적은 수의 화산체가 두 군데 분포되어 있다. 그러한 두 이웃 행성들과는 달리, 지구에서

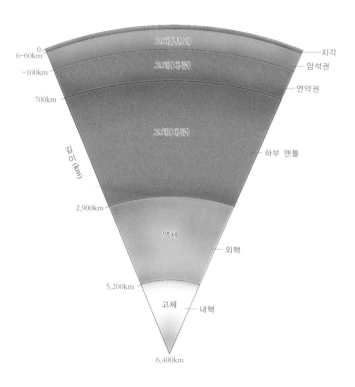

지각, 맨틀, 핵으로 세분되어 있는 내부 구조를 보여주는 지구 단면도
암석권에서 열의 교환은 전도를 통해 이루어지고,
연약권에서는 주로 대류에 의해 열의 교환이 일어난다.

화산은 대륙의 가장자리와 해양 한가운데에 있는 기다란 화산대에 주로 위치한다. 화산대에서 떨어져 대륙이나 해양 중간에 자리하는 화산들도 있다. 이러한 분포는 우연의 산물이 아니다. 화산의 위치는 무엇보다도 **판 구조론**에 의해 지배된다. 판 구조론은 1년에 수 센티미터 정도의 속도로 대류 현상이 일어나고 있는 연약권 위로 암석권의 판들이 움직이고 있다는 가설을 통해 지표면의 구조를 설명하는 이론이다. 판 구조론에 따른 과정, 특히 두 개의 판이 충돌해서 산맥을 형성하는 것처럼 판들의 경계에서 일어나는 과정에서 지구의 표면이 움직이지 않고 언제나 그대로 있었다면, 지구는 달의 표면처럼 운석이 충돌한 자국으로 가득한 표면을 갖게 되었을 것이다. 지구의 대륙에서 가장 오래된 암석은 30억 년을 더 거슬러 올라가며, 대륙 표면에 있는 물질 대부분이 5억 년이 넘는 연대를 보인다. 그에 비해 해저의 암석은 가장 오래된 것도 약 2억 년 정도만 거슬러 올라가기 때문에 더 젊다고 할 수 있다.

규모 면에서 가장 큰 화산 활동은 해저면에 위치한 중앙 해령˚에서 일어난다. 중앙 해령에서는 두 개의 지각이 1년에 수

● ● ● ●

중앙 해령 대양의 거의 중앙에 뻗어 있는 거대한 해저 산맥으로 맨틀 대류의 용출구로 생각되며 이 산맥을 따라서 화산과 지진이 발생한다.

센티미터씩 서로 멀어진다. 별 것 아닌 것처럼 보일 수도 있겠지만, 1년에 평균 5센티미터가 이동한다면 1억 년 동안에는 5,000킬로미터가 이동하는 것에 해당된다. 해저 6만 5000킬로미터에 걸쳐 뻗어 있는 중앙 해령을 따라 일어나는 화산 활동은 상당한 양의 마그마를 내놓는다.(1년에 20세제곱킬로미터에 가까운 마그마가 만들어지는데, 그중 3세제곱킬로미터만 지표면으로 분출된다. 즉 마그마의 대부분은 깊은 곳에 갇혀 있다는 말이다.) 그러한 마그마 활동은 두 개의 지각이 서로 멀어지면서 만들어진 공간에 새로운 해양판을 만든다. 아주 드물기는 하지만, 중앙 해령이 물 밖으로 나와 있는 곳도 있다. 쥘 베른의 주인공들이 지구 속으로 들어갔던 아이슬란드가 바로 그러한 경우에 해당된다.

마그마가 지구 깊은 곳에서부터 지표면으로 이동하는 것은 쉽게 상상할 수 있지만 지표면의 암석이 맨틀까지 깊이 파고 들어갈 수 있다는 것은 상상하기 어렵다. 그러나 섭입대*에서는 그러한 현상이 일어난다. 중앙 해령에서 만들어진 암석권의 판들이 섭입대에서 지구 깊은 곳으로 다시 들어가기 때문이다.

●●●●

섭입대 판들의 상호 충돌에 의해 한 지각판이 다른 지각판 아래로 미끄러져 내려가는 곳.

두 개의 판이 충돌하여 산맥을 형성하는 과정에서 지구의 표면이 움직이지 않고 그대로 있었다면 지구는 달의 표면처럼 운석이 충돌한 자국으로 가득한 표면을 갖게 됐을 것이다.

그와 같은 섭입[*] 현상은 1년에 약 3제곱킬로미터의 해양 암석권을 집어 삼킨다. 그러한 재순환의 결과로 '섭입대 마그마 활동(subduction zone magmatism)'이 일어나는데, 그 과정에서 1년에 약 10세제곱킬로미터의 마그마가 만들어지며, 그중 약 1세제곱킬로미터는 지표면까지 도달해서 화산 폭발을 일으킨다. 그 현상과 관련된 지역으로는 남북아메리카 대륙의 서쪽 가장자리, 뉴질랜드, 인도네시아, 필리핀, 일본이 있다. 일명 '불의 고리'라고 불리는 환태평양 화산대 지역이다.

마그마 활동의 대부분이 판의 경계(중앙 해령과 섭입대)에 집중되어 있다 하더라도, 활동의 일부는 판 한가운데에서 일어나기도 한다. 판 한가운데에서 일어나는 마그마 활동은 1년에 약 2세제곱킬로미터의 마그마를 만들고, 그중 약 0.5세제곱킬로미터가 화산 물질의 형태로 분출된다. 하와이와 그 주변의 섬들 및 해저 지형은 가장 눈길을 끄는 예라 할 수 있다. 그곳에는 화산이 현재 활동하고 있는 하와이에서부터 시작해서 휴화산 상태의 화산이 5,000킬로미터 이상 이어져 있는 화산대가 형성되어 있는데, 약 8000만 년 전부터 만들어진 것이다. 그러한

● ● ● ●

섭입 지구의 표층을 이루는 판이 서로 충돌하여 한쪽이 다른 쪽의 밑으로 들어가는 현상. 밑으로 들어가는 판의 위쪽 면을 따라 지진 활동이 활발하게 일어난다.

특이한 분포에 대해 연구한 결과, 그곳의 화산 활동은 판 구조 운동의 영향을 받는 지구의 표층부 아래에 고정되어 있는 열점 (hot spot) ˙과 관련되어 있다는 결론이 나왔다. 백두산이 그러한 마그마 활동의 예에 해당된다.

화산 활동이 긴 선을 따라 분포하고 판의 경계와 밀접한 연관을 보인다는 사실은, 중앙 해령과 섭입대에서 암석권 판들의 이동과 화산 활동의 원인 사이에 긴밀한 관계가 있다는 것을 암시한다. 그에 비해, 열점의 화산 활동은 암석권 판들의 이동과는 무관한 것으로 보이며, 판 구조론의 영향을 받지 않는 맨틀의 범위에서 그 원인을 찾을 수 있을 것 같다.

그런데 지구의 내부가 주로 고체로 이루어져 있다면 마그마는 어디에서 나오는 것일까? 맨틀을 움직이는 대류 현상과 마그마는 어떤 관계가 있을까?

● ● ● ●

열점 맨틀 깊은 곳에서 마그마를 지속적으로 생성시켜 장기간에 걸쳐 지표에 화산 활동을 일으키는 지점.

2

화산은 어떻게
생겨나는 것일까?

마그마란 무엇이며 어디에서 만들어질까?

마그마는 액체와 기체, 고체로 이루어져 있다. 화산 폭발이 일어나는 동안, 엄청난 양의 기체가 마그마를 통해 분출된다. 기체 안에는 물과 이산화탄소가 주로 들어 있고, 황, 염소, 불소, 브롬도 들어 있다. 이러한 화산 기체는 화산 폭발을 일으킬 뿐만 아니라 그 이상의 중요한 역할을 하였다. 지구의 대기권과 수권은 물론 생물권까지도 40억 년이 넘도록 화산에

● ● ● ●

불소 플루오르. 할로겐 원소의 하나. 자극적인 냄새가 나는 연녹황색 기체로, 화학적 작용이 강하여 질소 이외의 모든 원소와 결합한다. 냉매, 수지, 방부제, 불연성 가스, 충치 예방제 등을 만드는 데 쓰인다.

브롬 비금속 원소인 할로겐 원소의 하나. 자극적인 냄새와 휘발성이 강한 적갈색으로 상온에서 액체인 유일한 원소이다. 유독성을 이용한 살균제, 산화제, 의약품, 사진 재료, 각종 브롬화제 따위에 쓴다.

서 발생하는 기체에 신세를 지고 있기 때문이다.

화산 폭발로 인해 마그마가 분출될 때, 마그마는 화산 분화구에서 떨어져 나온 파편 같은 결정들과 액체를 폭발적으로 내뿜으면서 원래 지니고 있던 기체의 일부분을 잃게 된다. 마그마가 지표 밖으로 분출된 것을 **용암**이라고 부르는데, 용암은 높은 곳에서 낮은 곳으로 흐르는 동안 내부에 포함된 가스를 잃고 점차 식어 **화산암**을 형성하게 된다.

화산암의 화학 성분을 보면, 거의 모든 화산암이 45~75퍼센트의 규산염을 함유하고 있다. 즉, 화산암은 지각과 맨틀의 암석처럼 주로 규소와 산소로 이루어져 있어 규산염암의 화학 성분을 가지고 있다고 말할 수 있다. 지구에서 가장 흔하게 볼 수 있는 화산암은 **현무암**이다. 현무암은 45~52퍼센트의 규산염을 함유하고 있고, 알루미늄, 칼슘, 나트륨, 칼륨, 마그네슘, 철과 같은 다른 성분들도 가지고 있다.

화산에서 분출된 용암은 끈적끈적한 성질(점성)을 지니고 있다. 분석 결과, 용암의 점성은 용암의 온도와 화학 성분 및 결

● ● ●

수권 지구 표면에서 물이 차지하는 부분. 지구 표면의 약 74퍼센트가 물이나 얼음으로 덮여 있으며, 그중 바다가 약 70퍼센트를 차지하고 있다.
생물권 생물이 서식하는 범위. 물속이나 땅속, 공중 따위에 걸쳐 있다.

정 함량에 따라 달라지는 것으로 밝혀졌다. 예를 들어 규산염
이 풍부하거나 결정을 많이 함유하고 있는 용암, 혹은 온도가
더 낮은 용암이 점성이 더 높다.

일반적으로 현무암 성분의 화산암은 1100~1250℃에 이르는
분출 온도를 지니고 있다. 그처럼 온도가 몹시 높다는 것은 마
그마가 온도가 매우 낮은 지각에서 만들어진 것이 아니라, 더
깊은 곳에 있는 맨틀에서 만들어졌음을 의미한다. 일부 마그마
는 **감람암**이라고 불리는 녹색의 아름다운 암석 파편을 내놓기
도 한다. 감람암과 현무암은 동일한 화학 성분을 가지고 있지
는 않지만 많은 화산체에 같이 존재한다. 그러한 사실은 그 둘
사이에 어떤 관계가 있다는 것을 암시했고, 암석학자들은 조사
에 나섰다. **암석학**은 지질학의 한 분야로, 암석의 형성을 연구
하는 학문이다. 암석학자들은 실험실에서 마그마의 형성과 변
화를 재현하고자 애썼고, 다양한 자연 환경에서 얻은 물리 화
학적 매개변수를 실험에 연결지었다. 그러한 실험을 위해 암석
학자들은 우선 용융과 용융 후의 정출 작용*을 연구하고자 하
는 암석의 가루를 압착기에 넣는다. 그 다음에는 초고온 초고
압 상태에서 만들어진 산물을 전자 현미경으로 관찰한다. 이

• • •

정출 작용 마그마 내에서 광물 결정이 만들어지는 작용.

실험을 통해 감람암의 일부가 녹아 현무암 성분의 마그마가 만들어진다는 것이 밝혀졌다. 이 실험의 결과로 암석을 융해시켰을 때 처음 생기는 산물이 그 암석 자체와 동일한 화학 성분을 보이는 경우는 거의 없고, 대신 그 안에 들어 있는 광물들의 성질과 함유량, 용융의 물리적 조건에 의해 정해진다는 사실을 알게 되었다. 감람암은 감람석°과 휘석°으로 이루어져 있으며, 그 밖의 다른 여러 광물들도 미량으로 들어 있다. 그러한 암석을 부분적으로 용융시키면 현무암 성분의 암석이 어김없이 만들어진다. 화산체에서 감람암의 화학 성분을 지닌 암석이 발견되는 일은 없다. 이 말은 감람암이 결코 전체적으로 용융되지 않는다는 것을 뜻한다. 실험실에서도 감람암의 20퍼센트 이상이 용융되는 경우는 거의 없었다. 그러한 현상은 용융이 **흡열 과정**, 즉 열을 소비하는 과정이라는 사실과 연관이 있다. 실제로, 용융 과정에는 너무나 많은 열이 소비되기 때문에 용융이 20퍼센트 이상까지 가기가 힘들다. 그러한 용융율하에서

● ● ● ●

감람석 마그네슘, 철 따위를 함유한 규산염 광물. 감람녹색 · 흰색 · 회색 등의 색을 띤다. 빛깔이 곱고 맑은 것은 보석으로 쓴다.
휘석 철, 마그네슘, 칼슘 등으로 이루어진 규산염 광물. 검은색, 검은 녹색, 검은 갈색을 띠고 유리 광택이 있다. 조암 광물의 하나로 화성암 속에서 난다.

액체 마그마는 현무암 성분을 만들어낸다. '코마티아이트 (komatiite)'라고 불리는 암석만이 더 높은 용융율을 보이는데, 코마티아이트는 수십 억 년 전 지온구배가 훨씬 더 높아서 감람암이 더 많이 용융될 수 있었던 시기에 생성된 암석이다. 이 역시 우리 지구가 식어 가고 있다는 것을 말해주는 간접적인 증거에 해당한다.

맨틀은 어떻게 녹을까?

앞에서 말했듯이 지구는 하나의 거대한 열기관이다. 깊이 100킬로미터에서 온노는 1,000℃가 넘는다, 지표면의 온도는 그와 반대로 0℃에 가깝다. 암석권 덮개가 지구 내부와 외부 사이의 열 교환을 억제하고 있음에도 불구하고, 연약권과 하부 맨틀에는 대류 운동이 일어나고 있다. 물론 암석을 녹여서 빠른 대류가 일어나게 하기에는 온도가 충분하지 않다. 따라서 여기서 말하는 대류는 고체가 변형되는 것을 의미하며, 그 속도도 아주 느리다. 점성이 높은 유체를 가지고 대류 실험을 해본 결과, 그러한 변형이 어떤 지점에서는 맨틀이 위로 올라오고 또 다른 지점에서는 맨틀이 아래로 가라앉는, 커다란 대류 세포의 형태를 띨 수 있다는 것이 밝혀졌다. 이때 상승 운동이 끝나는 곳에서는 암석권 판들이 서로 멀어지고, 하강 운동이 끝나는 곳에서는 그 반대 현상이 일어난다. 그렇게 서로 멀어지는 판들은 중앙 해령을 형성하고, 서로 가까워지는 판들은 섭입대를 형성한다. 또 다른 형태의 대류 운동은 열의 불연속성이 크게 나타나는 구역(하부 맨틀의 최상부나 핵의 최상부)에서 생겨나는 상승류를 통해 이루어진다. 그것이 바로 '열점'이라고 불리는 것이다. 최근에는 지구 물리학적인 방법을 이용하여 그러한 대류 운동을 지도로 나타낼 수 있게 되었다.

우리는 일상생활의 경험을 통해, 고체를 녹이려면 충분한 열을 가하면 된다는 것을 알고 있다. 암석에 대해서도 마찬가지다. 그러나 지구 내부로 깊이 들어갈수록 온도가 높아진다 하더라도, 압력의 증가로 인해 암석의 용융 온도 역시 높아진다. 따라서 맨틀을 녹인다는 것은 매우 어려운 일이다. 이는 지진 데이터와도 일치하는 사실인데, 지진 데이터가 맨틀 안에 액체 마그마가 많이 없다는 것을 말해주고 있기 때문이다. 그렇다면 마그마는 어떻게 만들어지는 것일까? 맨틀의 용융을 가능하게 하는 과정은 압력의 감소와 성분의 변화 등 두 가지가 있다. 압력의 감소는 중앙 해령과 판 경계부에서 일어나는 화산 활동을 야기하고, 성분의 변화는 섭입대의 화산 활동을 일으킨다.

앞에서도 말했지만 중앙 해령은 연약권 대류 세포의 상승부 바로 위에 위치하며, 맨틀의 상승으로 특징지어진다. 그러한 상승이 압력의 감소를 가져오고, 압력의 감소는 다시 암석 용융 온도의 저하를 가져와서 연약권을 이루고 있는 감람암의 부분적인 용융을 야기한다. 용융은 흡열 반응이어서 맨틀이 모두 용융되지는 않는다. 열점 위에서 마그마가 만들어지는 것도 그러한 메커니즘을 따르는데, 열점에서는 하부 맨틀일 수도 있고 맨틀과 핵의 경계일 수도 있는 아주 깊은 곳에서부터 올라오는 '맨틀 다이아퍼'라고 불리는 맨틀 용승류의 압력 감소가 맨틀의 부분적인 용융을 야기한다.(32쪽 그림 참조)

그렇다면 암석권의 판들이 맨틀 깊숙이 가라앉는 섭입대에서는 마그마가 어떻게 만들어지는 것일까? 중앙 해령과 열점에 대해 이야기할 때 언급한 맨틀 용융 메커니즘은 이 경우에는 효과가 없다. 게다가 차가운 암석권이 맨틀 속으로 가라앉으면 맨틀의 온도를 떨어뜨리게 되고, 따라서 맨틀의 용융을 오히려 방해하는 조건이 만들어진다. 그런데 고온 고압 상태에

● ● ● ●

맨틀 다이아퍼(mantle diapirs) 아래에 있던 맨틀 물질이 밀도, 비중의 차이에 의해 풍선 모양으로 위로 떠오르는 것.

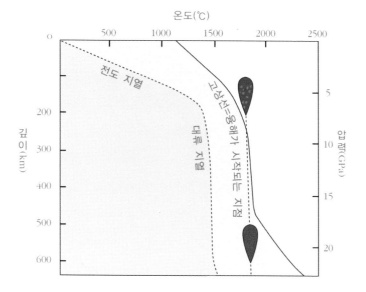

온도(℃)

현무암질 마그마가 만들어지는 조건

깊이 / 온도를 기준으로 한 이 그래프는 연약권에서의 대류 지열과 암석권에서의 전도 지열 및 고상선(solidus, 융해가 시작되는 시점)을 나타낸 것이다. 주어진 어떤 깊이에 있어서 지열이 고상선보다 낮은 온도를 보이는데, 이는 정상적인 경우에는 융해 조건에 절대 도달하지 못한다는 것을 의미한다. 하부 맨틀에서부터 올라오는 맨틀 다이아퍼(검은색으로 칠해진 부분)는 240킬로퍼 정도의 깊이에서 고상선을 지나가게 되고, 그 결과 부분적으로 녹으면서 마그마를 만들어낸다. 그러한 융해 과정은 많은 열을 소비하는데, 따라서 아주 높은 온도에서 융해가 시작되었다 하더라도 온도가 떨어지게 되며, 1200℃의 현무암이 분출되는 지표면까지는 융해 곡선을 따르게 된다.(가엘 프루토(Gaelle Prouteau)의 그림)

서 용융 실험을 한 결과, 물과 탄소를 함유한 유체가 있으면 용융 온도가 현저하게 떨어지며, 고압 상태에서는 특히 더 그러하다는 사실이 밝혀졌다. 그러므로 맨틀 안으로 상당한 양의 유체가 들어갈 수 있는 메커니즘이 필요하다. 그러한 메커니즘은 해양판이 맨틀 속으로 깊숙이 들어가는 섭입대 지역에서 나타난다. 해양판은 상층의 바닷물에 의해 변질되어 유체 성분(물과 이산화탄소)을 풍부하게 가지고 있다. 해양판이 맨틀 안으로 섭입됨과 동시에 압력이 점차적으로 증가하면 **변성 작용**으로 불리는 일련의 화학 반응이 일어나는데, 그러한 반응으로 인해 밀도가 그다지 높지 않은 유체들이 풀려나게 되고, 그 유체들이 빠져나오면서 위쪽 맨틀의 녹는점을 떨어뜨려(용융이 시작되는 시점을 나타내는 곡선을 더 낮은 온도 쪽으로 이동시켜) 맨틀의 부분적인 용융을 야기하게 된다. 섭입대와 관련된 화산 활동의 대부분은 바로 그러한 현상에 원인이 있다. 마그마를 통해 맨틀에서 뜯겨나온 감람암 파편들의 성분을 분석해 보면 맨틀 안에 물과 이산화탄소가 존재한다는 사실이 확인된다.

마그마는 어떻게 올라올까?

앞에서 보았듯이, 마그마는 수십 내지 수백 킬로미터 깊이

• • • •

변성 작용 암석이 높은 온도와 압력을 받아 액체로 녹지 않고 고체 상태에서 새로운 화학 조성이나 새로운 구조, 형태, 조직으로 변하게 되는 작용.

의 연약권에서 감람암의 몇 퍼센트가 부분적으로 용융됨에 따라 생겨난다. 그렇게 해서 마그마는 그것이 나온 모암에 스며드는데, 스며드는 정도는 20퍼센트를 넘기는 경우가 드물다. 그 마그마가 지표면까지 도달하려면, 모암에서부터 마그마를 뽑아서 길을 내주어야 한다. 그러기 위해서는 마그마가 배출되도록 모암이 변형될 수 있어야 한다. 약간 젖어 있는 스펀지에서 물을 짜내려면 스펀지를 비틀어 짜야 하는 것과 마찬가지이다. 따라서 맨틀에서 액체를 추출하는 것은 마그마가 얼마나 용융되어 있는지 뿐만 아니라, 액체를 짜내기 위해 맨틀이 얼마나 변형될 수 있느냐 하는 것에도 달려 있다. 이번에도 역시 맨틀의 대류 현상이 마그마 추출 메커니즘의 원인이 된다.

  액체는 추출되어 모이기 시작하자마자 부력의 원리에 따라 위쪽으로 이동하기 시작한다. 실제로 맨틀에서 생성된 마그마의 밀도는 가장 높은 경우에도 약 $2.7g/cm^3$인데 비해, 맨틀은 약 $3.3g/cm^3$의 평균 밀도를 가지고 있다. 따라서 같은 부피를 기준으로 했을 때 마그마는 그 주변의 암석들보다 더 가볍기 때문에 위로 향하는 부력을 받게 되는 것이다. 그러한 밀도의 차이는 맨틀 안에서만 크게 나타난다. 맨틀과는 성분이 다른 지각에 마그마가 도달하게 되면 밀도의 차이는 0에 가까워진다. 그 결과 마그마가 한 곳에 모이게 되고, **마그마방**(magma

지각에 마그마가 도달하게 되면 마그마가 한 곳에 모이게 되고 마그마방을 형성하게 된다.

chamber)'이라고 불리는 거대한 저장고를 형성하기에 이른다. 직경이 수 킬로미터에 달하는 마그마방이 만들어지는 경우도 있다.

따라서 마그마방은 마그마의 특별 저장 지대인 셈이며, 화산 바로 아래 수 킬로미터 깊이에 위치하고 있다. 마그마방을 액체 마그마가 지구 아래에서 커다란 거품을 내며 끓고 있는 모습으로 상상하는 것은 옳지 않으며, 그보다는 액체와 결정으로 이루어져 있는 걸쭉한 '죽' 상태로 상상하는 것이 더 적합하다.

마그마방에서는 어떤 일이 일어날까?

감람암의 부분 용융은 일반적으로 현무암 성분의 마그마를 만든다. 그런데 화산 지역들을 조사해보면, 현무암에 비해 규산염과 알칼리는 더 풍부하지만 마그네슘은 더 빈약한 조면암이나 유문암 같은 암석들도 발견된다. 현무암 유형의 암석을 한쪽 끝에 두고 조면암이나 유문암 유형의 암석을 다른 한쪽 끝에 두었을 때, 중간적인 성분을 지닌 아주 다양한 암석들을 그 사이에 놓을 수 있다.(안산암, 조면 안산암, 석영 안산암

등) 이 암석들을 만드는 용암의 분출 온도는 대개는 동일하지가 않다. 현무암의 경우에는 좀 더 높게 나타나는 반면(약 1200℃), 규산염의 함유량이 높아질수록 온도는 내려가는 경향을 보인다(유문암은 약 800℃). 화학 성분과 온도 사이에 그러한 상관관계가 존재한다는 사실은 부분 용융의 정도 차이 때문에 다양한 성분의 암석들이 만들어지는 것은 아님을 말해 준다. 따라서 다른 데서 원인을 찾아야 하는데, 마그마방에 마그마가 모이는 현상에서 그 답을 찾을 수 있다. 현무암질 마그마가 여러 종류의 암석으로 분화되게 만드는 주된 메커니즘은 바로 분별 결정 작용(fractional crystallization)이다.

분별 결정 작용

마그마방에는 뜨거운 마그마와 차가운 모암 사이에 아주 큰 지온구배가 대체로 존재한다. 그러한 지온구배로 인해 열이 서서히 손실되고, 따라서 마그마의 정출 작용도 점차적으로 진행

● ● ● ●

안산암 사장석, 각섬석, 흑운모, 휘석 등의 광물을 포함한 화산암. 검은 회색을 띠며, 단단하고 견디는 힘이 강해 건축이나 토목에 쓰인다.
석영 안산암 나트륨을 많이 함유한 사장암, 석영, 각섬석 등의 광물을 포함한 화산암. 안산암보다 규산염이 약간 많고, 흔히 얼룩무늬를 띤다.

된다. 마그마의 정출 작용이 이루어지면 마그마 안에서 일련의 결정들이 나타나는데, 바로 우리가 '광물'이라고 부르는 것이다. 마그네슘이나 철처럼 무거운 화학 원소들은 마그마보다 훨씬 더 무거운 광물 안에 일찌감치 갇히는 경향이 있다. 따라서 적절한 조건이 주어지면 밀도가 높은 광물들은 마그마 저장고 바닥에 침전되면서 물리적으로 분리된다. 마그마방 내에서 무게에 의한 그러한 분리가 일어남에 따라, 마그마방 아래에는 마그네슘은 풍부하고 규산염은 빈약한 마그마가 모이는 반면, 위로는 규산염은 풍부하고 마그네슘은 빈약한 마그마가 뜨게 된다. 같은 원천에서 시작해서 서로 다른 성분을 지닌 마그마로 분리되는 이러한 현상을 두고 '분별 결정 작용'이라고 부른다. 화산 폭발 시, 마그마방과 지표면의 화산을 연결하는 화도(volcanic conduit)는 마그마방의 아래쪽에서 생길 수도 있고 위쪽에서 생길 수도 있다. 따라서 제일 처음에 만들어졌던 마그마와는 전혀 다른 마그마를 분출하게 된다. 화산 폭발이 있었을 때 분출물을 분석해 보면 화학 성분이 조금씩 변화하는 경우가 종종 있는데, 이는 화학적으로 층을 이루고 있는 마그마 저장고가 부분적으로 비워졌음을 의미한다.

●　●　●　●

화도 땅속에서 화구로 통하는, 화산 분출물의 통로.

분별 결정 작용은 현무암질 마그마의 분화를 불러오는 주된 과정이다. 그와 관련된 또 다른 과정들도 존재하는데, 저장고를 에워싼 암석의 파편들이 마그마와 뒤섞임에 따라 현무암질 마그마가 오염되는 것과 같은 현상이 그것이다.

마그마방이 존재한다는 증거는?

마그마 저장고에서 마그마가 머무는 시간은 상당히 길어질 수 있다. 화산 폭발에 의해 비워지지 않을 경우에는 마그마 저장고 전체가 결정화(암석화)할 수도 있는데, 그렇게 되면 **심성암**이 만들어진다. 예를 들어 현무암질 마그마가 통째로 결정화한 **반려암**도 심성암에 속한다. 심성암은 침식 작용에 의해 그 암석들이 지표에 드러나게 된 곳에서 볼 수 있다. 심성암을 통해 연구가 이루어지기도 하는데, 그렇게 해서 마그마방의 크기와 모양, 형성 방식을 알아보는 것이다. 화석이 된 마그마방은 어마어마한 크기를 가질 수도 있으며, 분별 결정 작용의 확실한 증거를 보여준다.

사실 화성암의 대부분은 마그마 저장고에서 결정화하여 만

● ● ● ●

심성암 마그마가 땅속 깊은 곳에서 천천히 식어 굳어져서 생긴 화성암. 흔히 결정질이며 알갱이 모양의 조직(입상 조직)을 이룬다. 화강암, 섬록암, 반려암 등이 있다.

들어지며, 따라서 지표면으로 올라오지 않는다. 지질도에 비추어 볼 때 마그마의 10퍼센트 정도만이 지표면까지 도달하여 화산 폭발을 일으키고, 나머지는 깊은 곳에서 심성암을 형성하는 것으로 추정된다.

화산 폭발은 어떻게 일어날까?

기체는 액체 안에 상당한 양이 용해될 수 있으며, 압력이 높을수록 더 많이 용해된다. 샴페인 병이나 탄산수 병을 열면 액체가 거품의 형태로 뿜어져 나오는 이유는 바로 그 안에 기체가 녹아 있기 때문이다. 액체 마그마의 경우도 마찬가지다. 마그마방에서 정출 작용이 진행될 때, 마그마에는 점점 많은 기체가 녹아들게 된다. 기체가 액체 안에 더 이상 녹을 수 없는 가용성의 한계에 이르게 되면, 기포가 마그마 안에서 나타나기 시작한다. 기포는 마그마 저장고의 전체적인 팽창을 야기할 수 있는데, 그렇게 부풀어진 마그마 저장고는 땅이 불룩하게 올라가게 만듦으로써 지표면에서 간혹 감지되기도 한다. 그러한 마그마의 팽창은 마그마 저장고의 지붕을 부술 때까지 계속될 수 있다. 마그마 저장고의 지붕이 부서지기 시작하면 아무것도 그

것을 막을 수가 없다. 지붕의 파괴는 압력의 감소를 가져오는데, 그 결과 기포가 대량으로 만들어지게 되고, 따라서 마그마의 부피가 다시 늘어나면서 저장고 지붕의 변형도 다시 커진다. 그렇게 되면 마그마는 하나 이상의 화도를 통해 위로 빠져나간다. 화도에서는 압력 감소가 계속해서 이루어지기 때문에 분출되는 마그마의 양과 속도 또한 커지게 된다. 극단적인 경우, 지표면으로 급작스럽게 빠져나오는 마그마 거품의 속도는 200m/s를 넘길 수도 있으며, 그 결과 가장 규모가 크고 가장 위험한 폭발이 일어난다. 그러한 폭발의 원인이 되는 마그마는 일반적으로 규산염은 많이, 마그네슘은 적게 함유하고 있는데, 이는 그 마그마가 저장고에서 아주 오랜 분별 결정 작용을 겪었다는 것을 의미한다. 그와 반대로, 현무암질 용암은 마그마방에서 머무르는 일 없이 맨틀에서 바로 올라오는 경우가 가끔 있다. 그때는 용암이 분수처럼 뿜어져 나오는 분출이 일어나는데, 일반적으로 덜 위험하며 관광적인 볼거리를 제공한다.

분출된 용암은 다시 식으면서 굳는다. 용암의 냉각이 순식간에 이루어질 경우에는 마그마방에서 만들어진 약간의 광물을 함유한 유리질˙ 의 암석이 만들어진다. 용암이 천천히 식게 되면 액체가 완전히 고체가 될 때까지 광물이 천천히 형성되고, 그렇게 해서 결정질의 암석이 만들어진다. 그에 비해 냉각

조건이 중간 정도일 경우에는 액체가 전체적으로 결정이 될 수 있는 시간이 부족하다. 따라서 현미경을 이용해야 볼 수 있을 정도로 매우 미세한 결정으로 이루어진 암석 안에 반정*이 드물게 박혀 있는 모양을 띠게 되는데, 이것은 마그마가 올라올 때의 시간을 이용해서 형성된 것들이다. 맨눈으로는 성분을 확인할 수 없는 아주 세밀한 암석 안에 밀리미터 단위의 굵직한 광물이 군데군데 보이는 화산암의 대부분이 그러한 경우에 해당된다.

• • • •

유리질 유리로 된 암석 조직. 마그마가 급속히 식으면서 굳어진 화산암에서 볼 수 있다.

반정 화산암이나 반심성암에서 작은 알갱이 모양 결정의 집합 속이나 유리질 속에 흩어져 있는 반점 모양의 비교적 큰 결정.

3

마그마를 통해서
무엇을 알 수 있을까?

마그마 활동은 어떤 화학적 결과를 낳을까?

맨틀 암석이 부분적으로 용융될 때, 몇몇 화학 원소는 다른 원소들에 비해 더 우선적으로 액체 마그마 쪽으로 이동하게 된다. 대기권과 수권을 이루고 있는 화학 원소들이 특히 그러하며, 지각을 이루고 있는 원소들 또한 그렇다.(규소, 알루미늄, 칼슘, 칼륨, 나트륨 등) 그러한 화학적인 분리는 지구가 생성된 이후로 지속되고 있는데, 그 결과 지각은 모체가 되는 맨틀과는 매우 다른 화학 성분을 가지게 되었다. 바다에서 나와서 해수면을 떠다니는 바다 거품에 빗대어, 지각을 '지구 거품'이라고 말하기도 한다.

또 다른 농축 메커니즘도 개입할 수 있다. 마그마가 마그마 저장고에 모이면 저장고를 둘러싸고 있는 암석의 파괴를 야기하게 되고, 그렇게 해서 지표면의 물이 지각 깊숙이 스며들게 된다. 그러면 그 물은 마그마방 근처에서 데워지는데, 데워짐에 따라 밀도가 떨어지기 때문에 지표면으로 올라오려는 성질을 보이게 된다. 그 결과 지각으로 스며든 차가운 물이 깊은 곳에서 데워져 지표면으로 다시 올라가는 **열수계** 가 만들어진다. 암석이 파괴된 곳에서 그러한 순환이 일어날 경우 뜨겁고 높은 반응성을 지닌 물은 주변암 및 마그마 저장고와 상호작용을 하면서 일련의 화학 원소를 용해한다. 그러한 물리화학적 조건에서 몇몇 원소들은 다른 원소들에 비해 더 쉽게 녹게 되는데, 따라서 물을 함유하고 순환하는 유체 안에 농축이 된다. 그 유체가 온도와 압력이 감소하고, 더 차가운 물과 상호작용을 하면서 지표면으로 올라올 때, 화학 원소들은 정출 작용을 겪는다. 화산 활동이 일어나고 있는 지역의 지표면과 수 킬로미터 깊이 사이에 금, 은, 구리, 아연 광맥이 많이 형성되는 것은 그러한 과정에 따른 결과이다.

마그마의 활동과 열수계의 원리에 따른 과정은 지구 화학적인 이상(異常)을 만들 수도 있다. 지구에 미량으로 존재하는 몇몇 화학 원소들이 수천 내지 수백만 배까지 농축되는 현상이

● ● ● ●

열수계 물의 순환에 의하여 지하의 열을 지표로 운반하는 시스템.

그것인데, 그렇게 해서 경제적으로 유용한 광맥을 형성하기도 한다. 우리가 알고 있는 주요 금속들은 바로 그렇게 얻어진다.

마그마는 맨틀의 성분에 관해 무엇을 알려 주고 있을까?

맨틀은 무엇과 성질이 비슷할까? 맨틀은 균질한 성질을 지니고 있을까, 불균질한 성질을 지니고 있을까? 아니면 층으로 이루어져 있을까? 그러한 질문에 대한 답은 화산암이 제공해 준다. 화산에서 분출된 마그마는 그것이 원래 있었던 장소의 특징을 지시하는 화학적 흔적을 어느 정도 지니고 있기 때문이다.

화산에서 분출된 마그마는 맨틀이 폭넓은 영역에 걸쳐 부분적으로 용융된 결과물이다. 따라서 맨틀의 성분이 아주 균질한 것이라고 예상하는 사람도 있을 것이다. 그러나 사실은 그렇지가 않다. 연구를 통해 맨틀 내부에 매우 상이한 성분을 지닌 영역들이 존재한다는 것이 밝혀졌기 때문이다. 일부 영역에는 액체에 대해 높은 친화력을 보이는 원소들이 몹시 희박하게 함유되어 있는데, 이는 그 영역이 과거에 이미 녹아 있는 상태였음을 말해 준다. 그에 비해 액체에 친화력이 높은 원소들을 많이 함유하고 있는 다른 영역들은 지각의 일부분이 맨틀로 바뀐 것일 수 있다. 맨틀 내에 그러한 불균질성이 존재한다는 사실은 맨틀 대류 모델에도 영향을 미친다. 실제로 맨틀을 전체적으로 뒤섞으면 그러한 불균질성을 없애는 결과를 낳을 것이다. 따라서 대류 모델은 맨틀의 불균질성을 보존하는 조건에서 만들어져야 한다. 그렇게 해서 만들어진 모델은 몇 가지가 있다. 하나나 두 개의 층으로 이루어진 맨틀 대류 모델을 만들든 아니면 더 복잡한 모델을 만들든 간에, 맨틀 내부의 열 순환에 대한 정확한 지도를 제작하는 것이 지구 물리학 및 지구 화학적 연구가 앞으로 해결해야 할 중요한 문제 중 하나이다.

마그마는 대륙의 생성에 관해 무엇을 알려 주고 있을까?

쥘 베른이 살았던 시대나 지금이나 변함없이 화산은 지구 내부를 엿보게 해주는 놀라운 창이다. 그런데 마그마 활동은 대륙의 역사와 변화에 대해서도 알게 해준다. 지구 속 여행을 잠시 멈추고 육지로 나와서 이야기해 보자. 대륙의 대부분을

화강암 계열의 암석이 지구에는 많은 반면
금성이나 화성 같은 다른 행성에는 없는 이유는 무엇일까?

이루고 있는 암석은 **화강암** 계열에 속한다. 화강암은 규소와 알루미늄, 그리고 나트륨이나 칼슘 같은 알칼리 원소를 많이 함유하고 있는데, 지구에서는 아주 흔하게 볼 수 있지만 화성이나 금성 같은 다른 행성에서는 발견된 적이 한 번도 없다. 그에 비해, 지구 해양 지각의 주된 성분에 해당되는 현무암은 화성, 금성, 달에도 흔하게 존재한다. 이러한 특징은 감람암의 부분 용융을 통해 설명이 되는데, 그러한 용융의 결과로 현무암 성분의 마그마가 필연적으로 만들어지기 때문이다. 그렇다면 대륙에 그토록 풍부하게 존재하는 화강암은 어떻게 만들어진 것일까? 현무암질 마그마의 분별 결정 작용에 의해 화강암에 가까운 성분을 지닌 액체 마그마가 만들어질 수도 물론 있겠지만, 그 마그마는 여전히 현무암 계열의 암석을 만들어 낸다. 지구에는 그토록 많고 화성과 금성에는 존재하지 않는 화강암은 도대체 어디에서 온 것일까?

이번에도 역시 암석학 실험이 답을 찾아 주었다. 현무암 계열의 암석이 용융되면서 일부 화학 원소를 풍부하게 만들어주는 극심한 변질 과정을 겪으면 화강암 계열의 암석이 만들어질 수 있다는 것이 실험을 통해 드러났기 때문이다. 그러한 실험에서 만들어진 액체 마그마는 원래의 현무암에 비해 규소, 알루미늄, 알칼리 원소들을 풍부하게 함유하고 있으며, 화강암 계열에 가까운 암석을 형성한다. 따라서 화강암은 현무암 계열의 암석이 용융되어 만들어진 산물인 것이다.

현재의 지질학적 환경에서도 화강암이 만들어질 수 있는 곳이 있을까? 아주 드문 경우를 제외하고는 그 어디에서도 만들어지지 않는다. 그것은 당연한 일이다. 대륙 지표면에 대한 지질 조사와 암석에 대한 연대 측정 결과는 대륙의 대부분이 25억 년 이전에 생성되었음을 밝혀 주었다. 당시에 지구는 현재보다 훨씬 더웠고, 지온구배도 더 컸다. 따라서 해양판은 섭입이 되자마자 바로 녹으면서 대륙 지각을 만들어 낼 수 있었다. 오늘날 그러한 현상은 얼마 되지 않는 장소에서 아주 드물게 일어난다. 대륙 지각이 만들어지는 비율이 현재에 와서 크게 감소된 이유가 바로 그 때문이다. 대륙 지각이 만들어지는 속도가 침식되는 속도보다 빨랐던 과거에 비해, 현재의 대륙 지각은 정지 상태, 즉 만들어지는 속도와 침식되는 속도가 서로 간신히 균형을 이루고 있는 상태인 것으로 보인다.

그런데 대륙 지각의 기원과 변화에 대한 논쟁이 완전히 마무리 지어진 것은 아니다. 가령 화강암 계열의 암석이 지구에는 많은 반면 금성이나 화성 같은 다른 행성에는 없는 이유가 광합성 때문일 것이라는 의견이 최근에 제시되기도 했다. 실제로 태양 에너지를 끌어 모으는 광합성은 지구 표층부(수권과 대기권)의 성분을 크게 변화시킬 수 있고, 따라서 지표면의 암석이 상당한 화학적 불균형 상태를 유지하도록 만들 수 있다. 그 결과 암석의 변질과 화강암의 생성이 조장될 수 있다. 그러한 맥락에서 화강암이 다른 행성에 생명체가 존재하는지를 알아보는 지표로 활용될 수 있다는 주장이 나오기도 했다.

맨틀의 암석은 어디에서 만져 볼 수 있을까?

『지구 속 여행』이라는 소설이 성공을 거둔 것은 주인공들이 지구의 내부와 과거를 직접 보고 만질 수 있다는 설정 덕분이었다. 독자는 인물들에 동화된 채, 분화구를 통해 따라 내려가 지구의 열 수축에 의해 만들어진 단층에 이르게 된다. 그러는 동안 독자는 아이슬란드 바로 밑에 있는 화산암과 퇴적암을 차례차례 지나간다. 오늘날 우리는 그러한 여행이 순전히 상상에 의한 것임을 알고 있다. 그렇다고 해서 지구 내부를 이루고 있는 암석을 직접 만져보는 것도 단념해야 할까?

쥘 베른이 살았던 시대 이후로, 맨틀의 암석은 지구 여러 곳에서 자세하게 연구되었다. 연구는 거대한 해양 지각의 균열대를 따라 이루어졌으며, 중앙 해령을 중심으로 한 연구도 있었다. 중앙 해령의 경우, 잠수함 탐색 작업을 통해 해저면 위에 그대로 드러나 있는 맨틀이 발견되기도 했는데, 마그마 활동이 충분하게 일어나지 않아 맨틀이 새롭게 형성된 해양 지각 아래로 묻히지 않은 경우였다.

판 구조론에 따르면, 거대한 산맥들은 대륙판이나 해양판이 서로 충돌하여 솟아오름에 따라 만들어진다. 따라서 산에서 해양 지각과 맨틀로 이루어진 해양판의 잔해를 보게 되는 것은 놀라운 일이 아닌데, 그곳에서는 해양판을 맨발로 걸어 다니며 연구하는 셈이다. '오피올라이트(ophiolite)'라고 불리는 그러한 해양판의 파편들에는 감람암과 현무암이 나타난다. 오피올라이트는 비록 화석 상태이긴 하지만 해저 산맥이 어떠한 기능을 하는지, 감람암은 어떻게 용융되는지, 마그마가 해저에서 어떻게 활동하고 자리 잡는지를 자세하게 연구할 수 있게 해준다. 그런 식으로 우리는 얼마 전만 해도(지질학적인 시간을 기준으로 해서) 바다 깊숙이 묻혀 있었던 암석을 알프스와 히말라야 한가운데서 직접 보고 만질 수 있다.

• • • •

오피올라이트 해양판 또는 해양 지각을 이루던 암석이 판의 충돌에 의해 대륙지각 위로 올라와 지표에 노출된 암석. 감람암, 반려암, 현무암 등의 초염기성 또는 염기성 암석과 심해 퇴적암으로 이루어져 있다.

더 깊은 곳에 있는 암석, 즉 하부 맨틀이나 핵을 이루고 있는 암석은 지금으로서는 만져 볼 수가 없다. 그 대신 초고온 초고 압 상태에서 행해진 실험을 통해 그 암석들과 비슷할 것 같은 물질을 만듦으로써 상상해 보는 일은 가능하다.

더 읽어 볼 책들

- 애니타 개너리, 김은지 옮김, 『**화산이 왈칵왈칵**』(주니어김영사, 1999).

- 사브리나 리스, 율리카 리게르트, 이수영 옮김, 『**화산 : 마그마에서 화산암까지**』(웅진주니어, 2006).

- 모리스 크라프트, 진미선 옮김, 『**화산 : 지구의 불꽃**』(시공사, 1995).

논술 · 구술 시험은 논리적이고 종합적인 사고를 요구한다. 다음에 제시된 문제는 이 책의 주제와 연관이 있는 논술 · 구술 기출 문제이다. 이 책을 통하여 습득한 과학적 지식과 원리, 입체적이고 논리적인 접근 방식을 활용하여 스스로 문제에 답해 보자.

▶ 지진대의 위치와 맨틀의 상태에 대하여 설명하시오.

▶ 판이 움직이는 이유를 설명하고 히말라야 산맥의 생성 원인을 설명하시오.

▶ 화산으로 생기는 암석은 어떤 암석인가.

▶ 지진과 화산 활동이 일어나는 이유와 우리나라보다 일본에서 더 잘 일어나는 이유는 무엇인가.

▶ 화성암에서 심성암은 조립질이며, 분출암은 세립질인 이유는 무엇인가.

▶ 화성암을 분류하는 기준은 무엇인가.

옮긴이 | 김성희

부산대 불어교육과 및 동대학원을 졸업했으며 현재 전문 번역가로 활동 중이다.

민음 바칼로레아 58

화산 속에는 무엇이 있을까?

2판 1쇄 펴냄 2021년 3월 30일
2판 2쇄 펴냄 2021년 12월 20일

1판 1쇄 펴냄 2008년 12월 19일

지은이 | 피에르 넬리그
감수자 | 손영관
옮긴이 | 김성희
발행인 | 박근섭
펴낸곳 | ㈜민음인

출판등록 | 2009. 10. 8 (제2009-000273호)
주소 | 06027 서울 강남구 도산대로 1길 62 강남출판문화센터 5층
전화 | 영업부 515-2000 편집부 3446-8774 팩시밀리 515-2007
홈페이지 | minumin.minumsa.com

도서 파본 등의 이유로 반송이 필요할 경우에는 구매처에서 교환하시고
출판사 교환이 필요할 경우에는 아래 주소로 반송 사유를 적어 도서와 함께 보내주세요.
06027 서울 강남구 도산대로 1길 62 강남출판문화센터 6층 민음인 마케팅부

한국어판 ⓒ ㈜민음인, 2008. Printed in Seoul, Korea
ISBN 979 11-5888-820-6 04000
ISBN 979 11-5888-823-7 04000(set)

㈜민음인은 민음사 출판 그룹의 자회사입니다.